AF312940

# TITRES

ET

# TRAVAUX SCIENTIFIQUES

DE

## L.-GUSTAVE RICHELOT

Professeur agrégé à la Faculté de médecine

Chirurgien de l'hôpital Tenon

---

# INDEX BIBLIOGRAPHIQUE

---

PARIS

IMPRIMERIE ALCAN-LÉVY

24, RUE CHAUCHAT, 24

—

1892

# TITRES

ET

# TRAVAUX SCIENTIFIQUES

DE

## L.-GUSTAVE RICHELOT

Professeur agrégé à la Faculté de médecine

Chirurgien de l'hôpital Tenon

---

## INDEX BIBLIOGRAPHIQUE

---

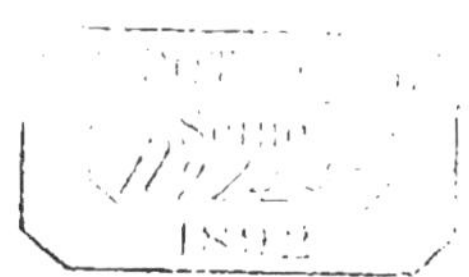


## PARIS

IMPRIMERIE ALCAN-LÉVY

24, RUE CHAUCHAT, 24

—

1892

# TITRES

Interne des hôpitaux (1868-1872). — Lauréat, 1er interne (1868); première
   mention (1871); médaille d'argent (1872).
Aide d'anatomie (1872).
Docteur en médecine (1873).
Prosecteur à la Faculté (1874).
Professeur agrégé (1878).
Chirurgien des hôpitaux (1880).

Membre honoraire de la Société anatomique.
Membre titulaire de la Société de chirurgie, de la Société clinique, de la
   Société obstétricale et gynécologique, de la Société de médecine de
   Paris, de la Société médico-pratique, etc.

Rédacteur en chef de l'*Union médicale*.

# ENSEIGNEMENT

Cours d'anatomie et de médecine opératoire à l'Ecole pratique (1873-1876).

Cours de clinique chirurgicale à l'Hôtel-Dieu, suppléance de M. le professeur Richet (août, septembre et octobre 1879; août, septembre et octobre 1880; août, septembre et octobre 1882).

Conférences de pathologie externe à la Faculté (1883-84 et 1886-87).

Cours de pathologie externe à la Faculté, suppléance de M. le professeur Guyon (1886).

# TRAVAUX SCIENTIFIQUES

1. Polydactylie incomplète du pied gauche (*Union médicale*, 25 février 1868).

2. Anévrysme diffus consécutif à la rupture spontanée de l'artère poplitée athéromateuse (*Union médicale*, 11 avril 1868).

3. Note sur deux cas d'étranglement interne; emploi des lavements d'eau de Seltz, des lavements de tabac et de l'insufflation de fumée de tabac; guérison (*Union médicale*, 6 et 10 juillet 1869).

4. Effets diurétiques de la macération de la digitale (*Union médicale*, 18 janvier 1870).

5. Étude clinique sur la septicémie (*Union médicale*, 28 mars 1871).

6. Des rapports qui unissent la septicémie et la pyohémie. (*Union médicale*, 1er et 4 avril 1871).

7. Observation de pyohémie (*Union médicale*, 27 juillet 1871).

8. Contribution à l'étude de la septicémie chirurgicale (*Union médicale*, 18 mars 1873).

9. De la péritonite herniaire et de ses rapports avec l'étranglement (*Thèse inaugurale*, 1873. J.-B. Baillière).

10. Remarques sur une observation de péritonite herniaire publiée par M. J. Berlin de Gray (*Union médicale*, 7 avril 1874).

11. Note sur la distribution des nerfs collatéraux des doigts, et sur les sections nerveuses du membre supérieur (*Union médicale*, 15 août 1874, et *Archives de physiologie*, 1875).

12. Observation de gangrène foudroyante (*Union médicale*, 6 février 1875).

13. Des causes de la mort dans les tumeurs malignes (*Union médicale*, 7 et 9 janvier 1875.)

14. Pathogénie, marche, terminaisons du tétanos (*Thèse d'agrégation*, 1875. J.-B. Baillière).

15. Nature et traitement du tétanos (*Revue des sciences médicales*, 1877 et 1878).

16. Note sur un cas de blessure du nerf médian (*Union médicale*, 25 septembre 1877).

17. Des tumeurs kystiques de la mamelle (*Thèse d'agrégation*, 1878. J.-B. Baillière).

18. Note sur deux cas de tumeurs de la mamelle (*Union médicale*, 16 et 18 janvier 1879).

19. Note sur un cas de blessure incomplète du nerf médian (*Union médicale*, 1er et 4 mars 1879).

20. Note sur les résultats du pansement de Lister (*Union médicale*, 6, 10 et 15 avril 1880).

21. De l'extirpation des angiômes pulsatiles (*Union médicale*, 11, 13 et 18 octobre 1881).

22. Thyroïdectomie (*Union médicale*, 17 décembre 1881).

23. Remarques sur la sensibilité collatérale, à propos de quelques observations de plaies nerveuses (*Bull. de la Société clinique*, 1881, p. 120).

24. Hernie crurale étranglée, suture de l'intestin, guérison (*Union médicale*, 31 mai 1881).

25. Abcès chauds et pansement de Lister (*Union médicale*, 14 février 1882).

26. Sur un cas de laryngotomie inter-crico-thyroïdienne (*Union médicale*, 1er juin 1882).

27. Sur l'état fonctionnel du membre inférieur à la suite des fractures transversales de la rotule (*Union médicale*, 2 septembre 1882).

28. Fistule salivaire du canal de Sténon ; nouveau procédé (*Union médicale*, 3 octobre 1882).

29. Sur le traitement des adénites chroniques simples par les injections interstitielles de teinture d'iode (*Union médicale*, 3 décembre 1882).

30. Abcès tuberculeux sous-ombilical (*Union médicale*, 13 janvier 1883).

31. Amputation d'un orteil surnuméraire (*Union médicale*, 11 février 1883).

32. Déchirure totale du périnée ; restauration par le procédé de Richet (*Union médicale*, 22 avril 1883).

33. Ablation d'un épithéliome intra-buccal chez un diabétique (*Société de chirurgie*, 2 mai, et *Union médicale*, 6 mai 1883).

34. Note sur l'innervation collatérale à propos d'une résection du nerf médian (*Société de chirurgie*, 23 mai, et *Union médicale*, 27 mai 1883).

35. Sur l'étranglement herniaire (*Union médicale*, 10 juin 1883).

36. Sur l'étranglement herniaire (*Union médicale*, 9 octobre 1883).

37. De l'occlusion génitale dans les fistules vésico-vaginales compliquées (*Union médicale*, 13 novembre 1883).

38. L'arthrotomie antiseptique et les fractures transversales de la rotule (*Union médicale*, 22 novembre 1883).

39. La suture des nerfs et la régénération chez l'homme (*Union médicale*, 4 décembre 1883).

40. De l'énucléation des myomes utérins (*Union médicale*, 7 et 8 juin 1884).

41. Abcès chauds et pansement de Lister (*Union médicale*, 12 octobre 1884).

42. Plaie et suture des tendons fléchisseurs de l'index dans leur gaîne digitale (*Union médicale*, 23 novembre 1884).

43. Des injections interstitielles de teinture d'iode (*Union médicale*, 1er janvier 1885).

44. De la thyroïdectomie (*Union médicale*, 1er et 3 février 1885).

45. Calcul de l'urèthre et calcul enchatonné de la prostate (*Union médicale*, 1er mars 1885).

46. Traitement chirurgical du varicocèle (*Union médicale*, 29 mars 1885).

47. Sur l'état fonctionnel du membre inférieur à la suite des fractures transversales de la rotule (*Union médicale*, 26 avril et 27 septembre 1885).

48. L'uréthrotomie interne. — Instillations (*Union médicale*, 24 mai 1885).

49. Traumatisme et tuberculose (*Société de chirurgie*, 21 octobre, et *Union médicale*, 8 novembre 1885).

50. Sur un cas d'hématurie (*Union médicale*, 20 décembre 1885).

51. Traitement des kystes hydatiques du foie (*Société de chirurgie*, 25 novembre 1885, et *Union médicale*, 31 janvier 1886).

52. Hystérectomie vaginale (*Société de chirurgie*, 11 novembre 1885, et **Union médicale**, 28 février 1886).

53. Laryngotomie inter-crico-thyroïdienne (*Société de chirurgie*, 24 mars, et *Union médicale*, 11 avril, 8 et 9 mai 1886).

54. Sur un procédé d'ablation du cancer de la langue (*Union médicale*, 3 juillet 1886.)

55. Sur un cas d'hystérectomie vaginale. — Indications et manuel opératoire (*Académie de médecine*, 13 juillet, et *Union médicale*, 17 et 18 juillet 1886).

56. Trois observations d'hystérectomie vaginale (*Union médicale*, 7 août 1886.)

57. Sur un cas d'exstrophie de la vessie (*Union médicale*, 10 octobre 1886).

58. Deux observations d'hystérectomie vaginale (*Union médicale*, 7 novembre 1886).

59. Prolapsus utérin, hystérectomie vaginale (*Union médicale*, 5 décembre 1886).

60. Hystérectomie vaginale (*Union médicale*, 9 janvier 1887).

61. Hystérectomie vaginale (*Société de chirurgie*, 29 décembre 1886, et *Union médicale*, 13 février 1887).

62. De l'amputation sous-vaginale du col utérin (*Unido medica* de Rio de Janeiro, février 1887).

63. Epispadias chez une petite fille de six ans (*Union médicale*, 6 mars 1887).

64. Exstrophie de la vessie (*Société de chirurgie*, 9 mars, et *Union médicale*, 15 mars 1887).

65. Note sur l'hystérectomie vaginale. — Question de la récidive (*Société de chirurgie*, 9 mars, et *Union médicale*, 3 avril 1887).

66. L'hystérectomie vaginale et les pinces à demeure en France et à l'étranger (*Union médicale*, 17 avril 1887).

67. Note sur le traitement de l'obstruction intestinale (*Société de chirurgie*, 25 mai, et *Union médicale*, 2 juin 1887).

68. Six nouvelles hystérectomies vaginales (*Union médicale*, 23 et 25 octobre 1887).

69. Hystérectomie vaginale (*Union médicale*, 11 décembre 1887).

70. De la cure des hernies et hydrocèles congénitales (*Société de chirurgie*, 9 novembre, et *Union médicale*, 20 novembre, 24 décembre 1887, et 22 avril 1888).

71. De l'amputation sus-vaginale irrégulière (*Union médicale*, 22 janvier 1888).

72. Fibromes utérins. — Hystérectomie vaginale. — Coma urémique (*Union médicale*, 19 février 1888).

73. L'antisepsie chirurgicale (*Union médicale*, 8 avril 1888).

74. De la récidive du cancer utérin après l'hystérectomie vaginale (*Congrès français de chirurgie*, 1888).

75. De la valeur de la cure radicale des hernies au point de vue de la guérison définitive (*Congrès français de chirurgie*, 1888).

76. Sur le traitement des fibromes utérins (*Société de chirurgie*, 23 mai, et *Union médicale*, 2 juin 1888).

77. Kyste du vagin (*Société de chirurgie*, 11 juillet, et *Union médicale*, 16 octobre 1888).

78. Sur la nature infectieuse du tétanos (*Académie de médecine*, 11 septembre 1888).

79. Sur un cas d'ovario-hystérectomie vaginale (*Semaine médicale*, 12 septembre 1888).

80. Discussion sur l'amputation partielle du col de l'utérus (*Société de chirurgie*, 24 octobre et 7 novembre, et *Union médicale*, 27 octobre et 17 novembre 1888).

81. Sur le traitement des lésions des annexes par la laparotomie (*Société de chirurgie*, 12 décembre 1888).

82. Cure radicale de hernie inguinale gauche avec ectopie testiculaire (*Union médicale*, 27 janvier 1889).

83. Les tendances de la chirurgie moderne (*Association française pour l'avancement des sciences*, 2 février 1889).

84. Hernie inguinale congénitale du côté droit. — Cure radicale (*Union médicale*, 24 février 1889).

85. Ce que la chirurgie peut faire d'un tuberculeux (*Congrès de la tuberculose*, 1888, et *l'Union médicale*, 24 mars 1889).

86. Sur l'opération d'Alexander (raccourcissement des ligaments ronds) (*Société de chirurgie*, 27 mars, et *l'Union médicale*, 4 avril 1889).

87. Sur le traitement des kystes hydatiques du foie (*Société de chirurgie*, 10 avril, et *l'Union médicale*, 28 avril 1889).

88. De la section extemporanée de l'éperon dans la cure de l'anus contre-nature (*Société de chirurgie*, 15 mai, et *l'Union médicale*, 1er juin 1889).

89. Fistule vésico-vaginale (*l'Union médicale*, 7 juillet 1889).

90. Pustule maligne de la face; cautérisation au thermo-cautère; injections iodées interstitielles; guérison. — Examen bactériologique (*l'Union médicale*, 20 août 1889).

91. Pyo-salpingite (*Semaine médicale*, 4 septembre, et *l'Union médicale*, 3 octobre 1889).

92. Endométrite et curage (*Annales de gynécologie*, octobre 1889).

93. Sur le traitement des rétro-déviations utérines (*Congrès français de chirurgie*, octobre 1889).

94. De la nature infectieuse du tétanos des nouveau-nés (*Société de chirurgie*, 6 novembre 1889).

95. De l'hystéropexie vaginale (*Société de chirurgie*, 11 décembre, et *l'Union médicale*, 17 décembre 1889).

96. Laryngotomie inter-crico-thyroïdienne (*Société de médecine pratique*, 9 janvier, et *l'Union médicale*, 26 janvier 1890).

97. Endométrite et curage (*Société de chirurgie*, 26 février et 5 mars, et *l'Union médicale*, 11 mars 1890).

98. Sur le traitement de l'ectopie testiculaire (*Société de chirurgie*, 9 avril, et *l'Union médicale*, 19 avril 1890).

99. De l'extirpation du rectum par la voie sacrée (*Société de chirurgie*, 28 mai 1890).

100. L'électricité, la castration ovarienne et l'hystérectomie (*Société de chirurgie*, 16 juillet et 5 novembre 1890).

101. Canal de Nück et hydrocèle congénitale (*Académie de médecine*, 16 septembre, et *Union médicale*, 2 octobre 1890).

102. Fibrome utérin et salpingite suppurée (*Union médicale*, 21 oct. 1890).

103. De l'appendicite chez la femme (*Société de chirurgie*, 15 octobre, et *Union médicale*, 4 novembre 1890).

104. Sur le traitement du pédicule dans l'hystérectomie abdominale par la ligature élastique perdue (*Union médicale*, 9 novembre 1890).

105. L'arthrectomie et la résection du genou (*Société de chirurgie*, 26 novembre et 3 décembre, et *Union médicale*, 7 décembre 1890).

106. De l'extirpation du rectum par la voie sacrée (*Société de chirurgie*, 18 février, et *Union médicale*, 15 et 17 mars 1891).

107. Sur le traitement des suppurations pelviennes par l'hystérectomie vaginale (*Société de chirurgie*, 4 mars et 28 octobre, et *Union médicale*, 15 mars 1891).

108. Sur le traitement des tumeurs malignes par la pyoktanine (*Société de chirurgie*, 29 avril 1891).

109. Des résultats éloignés de l'ablation des annexes (*Congrès français de chirurgie*, 1er avril, et *Union médicale*, 5 et 7 mai 1891).

110. Sur le traitement des ruptures du tendon du triceps et des fractures de la rotule (*Société de chirurgie*, 17 et 24 juin 1891).

111. Sur une nouvelle pince entérotome (*Société de chirurgie*, 17 juin 1891).

112. De la laparotomie exploratrice (*Union médicale*, 18 juin, 28 juillet et 1er août, et *Société de chirurgie*, 29 juillet 1891).

113. Arthrectomie du genou (*Société de chirurgie*, 15 juillet 1891).

114. La rétroversion utérine (*Union médicale*, 27 août et 5 septembre 1891).

115. Le prolapsus utérin (*Union médicale*, 3 octobre 1891).

116. Sur le traitement des fractures de la rotule (*Union médicale*, 15 octobre 1891).

117. L'hystérectomie vaginale contre le cancer utérin (*Société de chirurgie*, 28 octobre et 2 décembre, et *Union médicale*, 5 et 7 novembre, 29 décembre 1891).

118. Article Fémur du *Dictionnaire encyclopédique des sciences médicales* (1877).

119. Article Flèches caustiques du *Dictionnaire encyclopédique des sciences médicales* (1878).

120. Article Furoncle du *Dictionnaire encyclopédique des sciences médicales* (1880).

121. Articles divers, critique, bibliographie, etc., *passim* dans l'*Union médicale*.

# TRAVAUX

## POUR LESQUELS M. RICHELOT A FOURNI DES MATÉRIAUX

———

Considérations sur la laryngotomie inter-crico-thyroïdienne (*Thèse inaug.*, M. Aguiar, Paris, 1883).

Contribution à l'étude de la laryngotomie inter-crico-thyroïdienne (*Thèse inaug.*, N. Castagné, Paris, 1884).

Traitement des fistules salivaires du canal de Sténon (*Thèse inaug.*, P. Coursier, Paris, 1885).

Traitement chirurgical du cancer de l'utérus, indications et manuel opératoire de l'hystérectomie vaginale (*Thèse pour le doctorat en chirurgie*, R. de Madec, Paris, 1887).

Cure radicale des herni s inguinales congénitales (*Thèse inaug.*, H. Bach, Paris, 1887).

Cure radicale des hernies et des hydrocèles congénitales (*Thèse inaug.*, J. Winocouroff, Paris, 1888).

Des hernies inguinales congénitales (*Thèse inaug.*, Chauveau, Paris, 1888).

De l'amputation anaplastique du col dans la métrite cervicale rebelle (*Thèse inaug.*, J.-F. Chanteloube, Paris, 1888).

De quelques phénomènes nerveux observés à la suite des opérations pratiquées sur l'abdomen (*Thèse inaug.*, H.-H.-J. Bentéjac, Paris, 1888).

De l'hystérectomie vaginale dans les cas de fibromes utérins (*Thèse inaug.*, A.-P. Gavilan, Paris, 1888).

Des endométrites infectieuses (*Thèse inaug.*, M. Péraire, Paris, 1889).

Extirpation de l'astragale dans le pied-bot (*Thèse inaug.*, J. Martin, Paris, 1889).

Contribution à l'étude de l'occlusion intestinale et de son traitement (*Thèse inaug.*, D. Maturié, 1890).

De l'hystéropexie vaginale (*Thèse inaug.*, L.-H. Dehayle, Paris, 1890).

De la ligature élastique perdue dans l'hystérectomie abdominale (*Thèse inaug.*, Ch. Wirbel, Paris, 1890).

De l'occlusion intestinale consécutive aux opérations de laparotomie (*Thèse inaug.*, M. Collas, Paris, 1890).

Traitement chirurgical de l'ectopie testiculaire (*Thèse inaug.*, C. Duchesne, Paris, 1890).

Etude sur le curage de l'utérus et l'opération de Schrœder (*Thèse inaug.*, M^me Vinaver, Paris, 1890).

Contribution à l'étude de la hernie inguinale congénitale chez la femme, et des hernies de l'ovaire (*Thèse inaug.*, Boudaille, Paris, 1890).

Contribution à l'étude de la pathogénie et du traitement de l'hématocèle rétro-utérine (*Thèse inaug.*, E. Morigny, Paris, 1891).

Etude sur l'arthrectomie dans les arthrites tuberculeuses du genou (*Thèse inaug.*, E. Cordillot, Paris, 1891).

Paris. — Imprimerie ALCAN-LÉVY, 24, rue Chauchat.

19

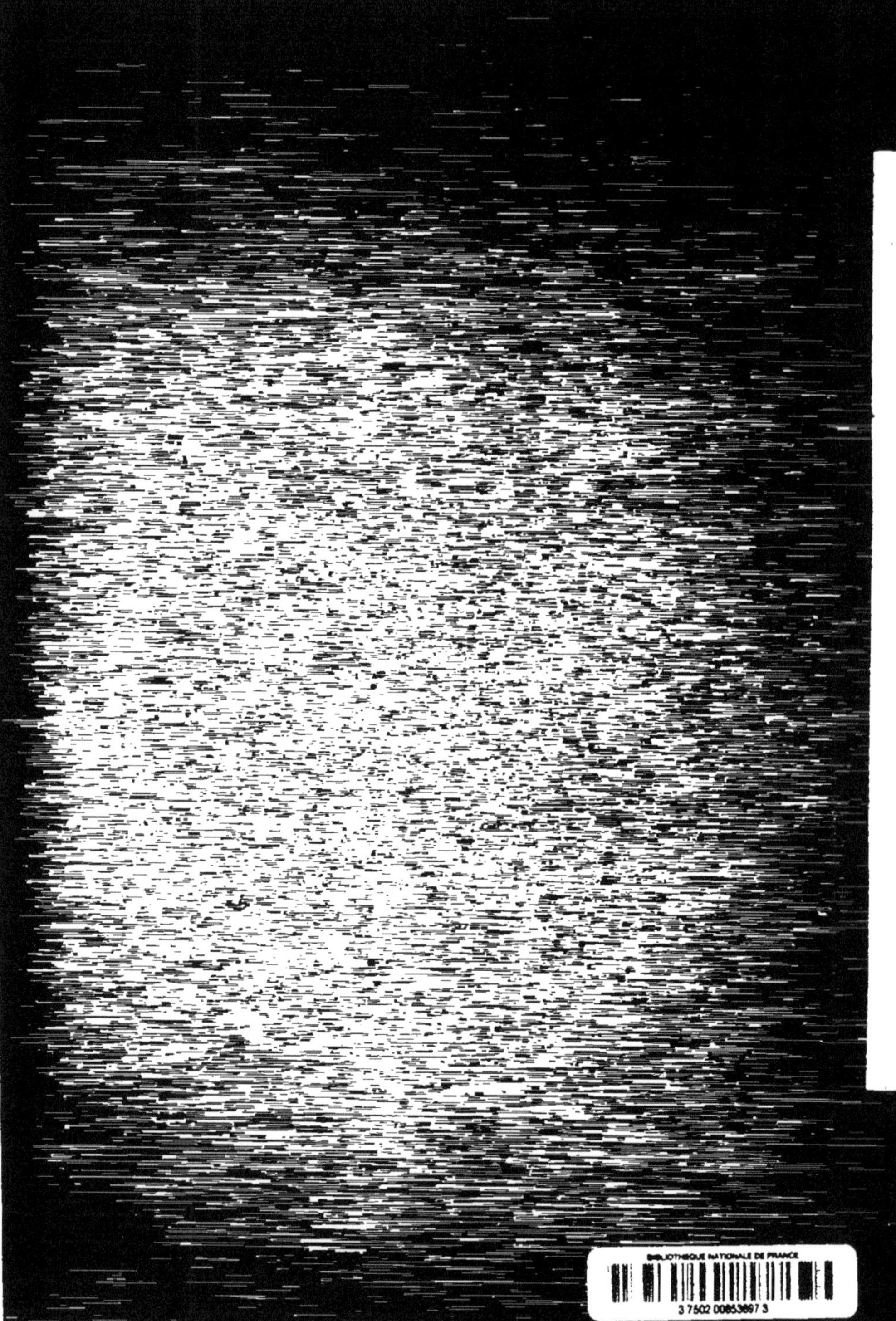